SUR

L'ORGANISATION DU CRÉDIT

EN FRANCE.

1848

Dans un écrit du 24 mars dernier*, et dans une lettre du 3 avril**, insérée au *Courrier de la Moselle* du 6, j'avais émis quelques idées tendant à la création d'une banque foncière. Ces idées, longtemps reléguées en France dans le domaine des théories, semblent appelées à une prochaine réalisation, par l'unanimité des vœux de ceux qui s'occupent du crédit. La grande difficulté ne semble plus résider que dans le mode d'exécution; car si l'exactitude la plus rigoureuse n'était apportée dans la vérification des garanties hypothécaires, sous le rapport de la valeur des biens, et surtout sous celui de la régularité des titres de propriété et des hypothèques, cette source de crédit se changerait en une immense ruine.

Je ne crois donc pas inutile de publier un mode d'exécution, qui me paraît joindre à la simplicité des formes, les précautions que la prudence exige. D'autres plus habiles rectifieront ce que mon projet a sans doute d'imparfait; mais il faut appeler la discussion sur ces questions ardues, et je livre ce travail à la publicité, dans l'espoir qu'il retrouvera l'indulgence qui a favorisé le premier.

Metz, le 1er juin 1848.

BILLOTTE.

* Voir à la page 18. ** Voir à la page 21.

SUR L'ORGANISATION DU CRÉDIT EN FRANCE.

La plupart des transactions s'effectuaient, en France, au moyen de valeurs négociables; les écus y concouraient à peine pour un dixième. Aussi, dans la crise actuelle, quand le défaut de confiance eût fait généralement repousser les réglements en billets, les écus eurent à satisfaire presque seuls à toutes les opérations, et se trouvèrent de beaucoup insuffisants. La timidité des capitalistes qui retirent des fonds de la circulation, et un désir trop répandu de grossir les réserves, sont encore venus accroître la pénurie des espèces métalliques; de sorte que, sous peine de voir les transactions s'arrêter, et le travail suspendu, il faut recourir aux remèdes les plus prompts et les plus énergiques.

Il en est, suivant moi, de deux sortes, l'un qui consiste dans la mobilisation de la dette hypothécaire, l'autre dans la mobilisation d'une partie de la dette inscrite.

Ces deux moyens conduisent à la création d'un papier monnaie. Les questions relatives au crédit ont fait trop de progrès en France, pour que cette idée puisse soulever la moindre défiance. Chacun sait que tout dépend des garanties qui s'y rattachent. Les valeurs négociables, les billets au porteur de la banque de France et de ses comptoirs, ceux des banques départementales, ont tous popularisé le papier monnaie, et la confiance la plus complète ne peut manquer de le favoriser, s'il présente des garanties égales ou supérieures à celles de ces établissements qui prospèrent aujourd'hui. Voici donc les dispositions légales qui en permettraient la réalisation telle que j'en comprends la possibilité.

PROJET.

Art. 1er. Pour faciliter les transactions et combler l'insuffisance des espèces métalliques et autres capitaux de circulation, il sera créé deux sortes de papier monnaie, l'un par la mobilisation de la dette foncière, hypothécaire ou privilégiée; l'autre par la mobilisation de partie de la dette inscrite.

Art. 2. La caisse d'amortissement sera chargée de l'émission de ces deux sortes de papier monnaie. Cette émission ne sera faite que par séries déterminées, et en vertu de lois spéciales qui en fixeront la quotité, suivant les besoins des transactions. Si des réductions dans les émissions devenaient nécessaires, leur importance sera aussi déterminée par des lois spéciales, qui fixeront en outre le mode d'annulation des billets retirés

Art. 3. Les bénéfices résultant de ces émissions, joints au produit des forêts de l'état, formeront, avec une allocation supplémentaire au budget annuel s'il est nécessaire, une dotation pour la caisse d'amortissement, qui sera spécialement chargée, pour l'avenir, du paiement des rentes et de tout ce qui constitue la dette inscrite, ainsi que des bons du trésor créés avant le 24 février 1848.

MOBILISATION DE LA DETTE FONCIÈRE.

Art. 4. En exécution des lois qui auront décrété les émissions, il sera créé des bons au porteur, par coupures de 25f, 100f, 500f et 1000f, dans la proportion qui sera réglée par le Ministre des finances. Ces bons au porteur seront affectés spécialement à chacun des départements, aussi dans la proportion que fixera le même Ministre, tant en raison de leur valeur foncière que de leurs besoins constatés par délibérations des conseils généraux. Ils porteront pour titre *Banque foncière de France*, et le nom du département pour lequel ils auront été créés.

Art. 5. Ils ne seront délivrés aux particuliers qu'à titre de prêt, pour un délai de cinq années, outre la fraction de celle commencée au moment du prêt, et moyennant premier privilège ou première hypothèque sur des immeubles d'une valeur au moins triple de la somme prêtée, situés dans le département où le prêt sera effectué.

Ce délai de cinq années sera augmenté en faveur des emprunteurs qui, dans l'acte d'emprunt, déclareront vouloir se libérer par un amortissement annuel d'au moins 2 p. %, recouvrable par le même mode que les intérêts. Le compte de chaque emprunteur sera crédité de cet amortissement valeur de fin de chaque année soldée*.

Dans tous les cas, le retard de paiement de quinze douzièmes, rendra le capital exigible de plein droit et sans formalités de justice.

Art. 6. Ces prêts porteront intérêt à trois pour cent l'an, payables d'avance, au moment du prêt, pour la fraction d'année commencée, et l'année suivante; et pour les autres années, par douzièmes, de mois en mois, entre les mains des percepteurs des contributions directes, chargés d'en faire le recouvrement, dans les formes et avec les privilèges existants pour la levée de l'impôt foncier.

Les intérêts seront, par l'intermédiaire du trésor, mis à la disposition de la caisse d'amortissement, et les annuités versées par les receveurs généraux, à chaque direction départementale.

Art. 7. Les billets de la banque foncière n'auront provisoirement cours légal que dans le département où l'émission en aura été faite, afin que la garantie soit en toutes circonstances à portée de la vérification des tiers-porteurs; ils n'auront dans les autres départements qu'un cours purement facultatif.

Art. 8. Pour l'exécution de ce qui précède, il sera établi, dans chaque chef-lieu de département un directeur, qui seul pourra, pour tout le département, accepter définitivement les demandes d'emprunt, et faire, après vérification complète de l'exactitude des titres, la délivrance des billets aux emprunteurs ou à leur fondé de pouvoir par acte authentique.

Art. 9. Les emprunteurs commenceront par consentir devant notaire, un contrat obligatoire pour la somme qu'ils voudront emprunter. Cet acte contiendra, 1° une élection de domicile au chef-lieu, pour les communications relatives à la réalisation du prêt; 2° la constitution d'un mandataire, quand les emprunteurs n'en devront pas suivre les opérations par eux-mêmes; 3° l'élection du domicile où les intérêts devront être payés; 4° la désignation de tous les biens hypothéqués avec le numéro indicatif de chaque parcelle au plan cadastral; 5° enfin l'indication des créanciers hypothécaires ou privilégiés qui devront être remboursés au moyen de l'emprunt, quand il aura cette destination.

Art. 10. L'acte obligatoire et toutes les pièces justificatives de la valeur des

---

* A 2 % amortiss^t complet en 30 ans 11 mois.	A 5 % amortiss^t complet en 15 ans 11 mois.
A 3 — — — 23 — 5 —	A 6 — — — 13 — 10 —
A 4 — — — 18 — 11 —	A 7 — — — 12 — 1 —

immeubles, ainsi que celles relatives aux privilèges et hypothèques qui les grèvent seront déposés à la direction, en un dossier, le tout coté et paraphé ; mention en sera faite sur un répertoire indicatif du jour et de l'heure de la remise.

Art. 11. Ce dossier sera transmis par les soins du directeur au Président du tribunal civil du lieu, qui le visera avec date du jour et de l'heure, et commettra un magistrat, avocat ou officier ministériel, pour faire un rapport sommaire sur la régularité des titres de propriété et la situation hypothécaire des immeubles offerts en garantie. Ce rapport sera joint au dossier; il portera quittance des honoraires dûs pour ce travail, suivant un tarif établi par le Ministre des finances.

Art. 12. Si les pièces produites paraissent au directeur, insuffisantes pour établir la valeur des immeubles affectés à l'hypothèque, il commettra un expert pour les visiter. Le rapport de cet expert, après avoir été préalablement soumis au contrôle de l'autorité municipale du lieu de la situation des biens, sera affirmé sincère et véritable devant le juge de paix de son domicile; il sera également joint aux pièces et portera quittance des honoraires déterminés par le même tarif.

Art. 13. Si la purge des hypothèques légales et celle des privilèges ou des droits de résolution de vente se trouvent nécessaires, elles seront faites au moyen de trois publications, à dix jours au moins et quinze jours au plus d'intervalle, dans le journal des annonces judiciaires du département, d'un extrait contenant : 1° le nom des emprunteurs ; 2° la somme à emprunter ; 3° la désignation des biens à hypothéquer, telle qu'elle existera au contrat obligatoire ; 4° et l'indication des causes de la publication. Même insertion sera faite dans un tableau à ce destiné, tant à la porte de la maison commune du domicile de l'emprunteur, qu'à celle de la situation des biens. La justification de ces publications sera faite par un exemplaire du journal, et par des certificats délivrés par les maires; le tout enregistré dans les cinq jours de la publication.

L'écoulement d'un délai de quinze jours, après la troisième publication au journal, et de quarante jours après l'insertion au tableau, sans qu'il ait été pris inscription, entraînera la déchéance du droit de résolution de vente, et la perte de priorité de privilége ou hypothèque, sur l'inscription ultérieurement prise au profit de l'Etat.

Les inscriptions à prendre au profit des vendeurs, seront valables, quels que soient les délais écoulés depuis la transcription des actes de vente, mais en tant seulement que le droit de résolution de vente subsisterait encore, suivant les règles fixées par le code civil.

Art. 14. Après toutes les vérifications ci-dessus indiquées, le directeur transcrira au bas de l'expédition de l'acte obligatoire, l'acceptation pour l'Etat, avec indication de la somme à laquelle il croira devoir limiter le prêt. Sur le vu de l'acte obligatoire et de l'acceptation, le conservateur des hypothèques opérera sans délai l'inscription et en délivrera certificat, pour être annexé au dossier de l'opération. Cette inscription sera dispensée de l'obligation du renouvellement décennal. L'intérêt du prêt courra à partir du jour de l'acceptation du directeur.

Art. 15. La délivrance des bons de la banque foncière se fera immédiatement après l'accomplissement de toutes ces formalités. A cet effet, lors de l'affectation à chaque département, de partie d'une série à émettre, les billets seront créés à la direction générale, à Paris, avec des blancs pour recevoir : 1° la signature du préfet du département; 2° celle du directeur départemental; 3° le numéro du compte de prêt auquel ils devront être affectés; 4° et le numéro d'ordre dans la série générale des billets émis dans le département. Toutes ces indications ne devront être remplies qu'à mesure de la régularisation des opérations de prêt.

Art. 16. Quand l'emprunt devra servir à rembourser des créanciers hypothécaires ou privilégiés, comme il est dit dans l'article 9, l'emprunteur sera dispensé de faire signifier des offres réelles à ces créanciers. Il lui suffira de leur faire notifier à ses frais, au domicile réel ou élu, avec offre de payer les frais de déplacement, s'il y a lieu, copie de l'acte obligatoire et de l'acceptation du directeur, avec déclaration qu'à défaut par eux de se présenter, dans le délai de trois jours, à la direction, pour y recevoir, contre quittance et main-levée, le paiement de ce qui leur est dû, le capital emprunté de l'Etat, sera déposé à la caisse des dépôts et consignations, jusqu'à concurrence des sommes présumées dûes d'après les inscriptions. Sur la remise de cette sommation et du certificat de versement à la caisse des dépôts et consignations, le conservateur des hypothèques radiera les inscriptions ou opérera la subrogration au profit de l'Etat, selon qu'il sera nécessaire. Si la somme ainsi déposée, dépasse celle effectivement due, l'emprunteur en poursuivra la réduction par les voies ordinaires. Tout intérêt cessera de courir, au profit du créancier remboursé, à partir du jour du dépôt.

Art. 17. Il sera tenu un journal des comptes de prêt; chaque opération y sera inscrite, avec un numéro d'ordre. Cette inscription contiendra : 1° l'indication des emprunteurs; 2° le numéro d'inscription du dossier au répertoire; 3° la mention de l'acte obligatoire et de la somme empruntée; 4° et le détail des billets fournis, suivant leur numéro d'ordre dans la série générale des émissions, dans le département. Sur chaque compte, les emprunteurs donneront décharge du capital à eux prêté; et sur ce capital seront prélevés les frais de l'opération, et la portion d'intérêt payable d'avance.

Art. 18. Afin que les billets émis n'aient pas à souffrir de défaveur par la dépréciation accidentelle de certains immeubles affectés à la garantie des prêts, les hypothèques ou priviléges fournis par les emprunteurs ne constitueront pas une garantie spéciale pour les billets émis à chaque opération, mais bien une garantie générale pour tous les prêts faits dans le département. En cas de pertes sur le recouvrement des capitaux prêtés, elles seront supportées par la caisse d'amortissement, qui, toutefois, sera indemnisée d'un quart par le département, et d'un douzième par la commune de la situation des biens, au moyen de centimes additionnels sur les impositions directes.

Suivant les circonstances, le pouvoir exécutif pourra décharger les départements ou les communes de tout ou partie de ce recours.

Art. 19. Les emprunteurs pourront toujours devancer les termes fixés pour le remboursement, et se libérer, même par à-compte d'au moins un quart. Les intérêts du mois commencé et ceux soldés d'avance seront toujours acquis à l'Etat. La représentation de la quittance authentique du directeur sera faite au percepteur, pour obtenir la décharge des intérêts ultérieurs. Un journal spécial des remboursements constatera : 1° le nom des parties ; 2° le numéro du compte de prêt ; 3° la mention de la quittance donnée ; 4° et les numéros des billets reçus en remboursement.

Art. 20. Les remboursements seront toujours effectués en bons du département. Quant aux annuités, elles pourront être acquittées en argent, et dans ce cas, la conversion en billets départementaux en sera faite immédiatement, par les soins et sous la responsabilité des receveurs généraux, qui ne les transmettront aux directeurs de la banque foncière, qu'après cette conversion. Le tout, sauf ce qui sera réglé pour le solde, dans le cas de liquidation définitive de la banque foncière.

Les billets rentrés seront réémis, si une loi n'a ordonné la réduction des émissions.

Art. 21. Les registres de prêt seront publics, chacun pourra en obtenir des extraits certifiés par le directeur, au coût du tarif établi par le Ministre des finances. La situation de chaque comptoir départemental sera arrêtée et publiée chaque mois. La situation générale sera de même établie chaque mois pour toute la France, et publiée au *Moniteur*, au plus tard le 15 du mois suivant.

Art. 22. Pour satisfaire aux besoins les plus urgents, et à titre d'épreuve pour assurer à cette importante création les avantages de l'expérience, le Ministre des finances pourra, dès avant la constitution générale de la banque foncière, autoriser provisoirement l'établissement de quelques comptoirs départementaux, sans toutefois que rien soit changé au mode d'exécution et aux garanties ci-dessus établies.

MOBILISATION DE LA DETTE INSCRITE.

Art. 23. Il sera créé des billets au porteur, par coupures de 1 000f et 5 000f pour servir au remboursement de la dette inscrite. Ces billets, constituant la dette de l'Etat, porteront le titre de *Dette nationale*. Ils auront cours légal dans toute l'étendue de la France.

Art. 24. Ils seront émis par la caisse d'amortissement, et seulement en vertu de lois spéciales, par séries, jusqu'à concurrence de la valeur estimative de lots déterminés d'immeubles faisant partie du domaine aliénable de l'Etat. Ces immeubles seront spécialement affectés et hypothéqués à leur garantie, par le seul fait de la loi; et sans que aucun acte ou inscription particuliers soient nécessaires.

Art. 25. Ces billets porteront chacun un numéro d'ordre; ils indiqueront la loi qui en aura ordonné l'émission; la délivrance n'en sera faite qu'à la demande des créanciers des anciennes rentes, et contre la remise de leur titre quittancé, et la radiation définitive de l'inscription au grand-livre.

Art. 26. L'échange des anciens titres contre les nouveaux, ne pourra se faire qu'à Paris à la direction générale de la caisse d'amortissement. Cependant les porteurs de rentes des départements, pourront participer à l'opération, en confiant leurs titres avec leur procuration authentique, au préposé de la caisse des dépôts et consignations de leur domicile, qui en délivrera récépissé dans la forme ordinaire. Ce dernier transmettra le tout à la direction générale de ladite caisse des dépôts et consignations, qui fera régulariser la conversion, et renverra les titres aux créanciers, par la même voie et sans frais.

Art. 27. Chaque opération sera mentionnée au journal, avec l'indication des billets délivrés, qui devront aussi, comme moyen de contrôle, porter le numéro de l'opération au livre-journal. La situation générale des émissions, sera arrêtée chaque mois et publiée au *Moniteur* au plus tard le 15 du mois suivant.

Art. 28. Les billets ainsi créés porteront intérêt à 3 fr., 60 c. par an, payables par moitié de six mois en six mois, au chef-lieu de département que voudra le tiers-porteur. A cet effet, le titre sera présenté vingt jours au moins avant l'échéance, au bureau de la recette générale de ce département afin de faire relever le numéro d'ordre du titre, et d'y faire apposer le cachet indicatif du paiement. Les ressources de la caisse d'amortissement serviront en premier ordre, au paiement des rentes de la *dette nationale*, qui en qualité d'hypothécaire, a droit à cette préférence. Les époques de paiement seront les 1er mars, 1er juin, 1er septembre et 1er décembre de chaque année.

Art. 29. Des décrets du pouvoir exécutif fixeront le taux du rachat des anciennes rentes, trois, quatre, quatre et demi et cinq pour cent; sans que dans aucune circonstance, ce taux puisse dépasser 80 fr. pour le trois pour cent, et le pair pour les autres rentes.

DISPOSITIONS GÉNÉRALES.

Art. 30. Pour faciliter un bon équilibre dans la répartition des billets de la *dette nationale*, entre tous les départements, et l'achat des actions industrielles avec les billets départementaux de la banque foncière, il sera établi une bourse dans tous les chefs-lieux de département. Les cours moyens y seront constatés le 1er et le 15 de chaque mois, et le relevé général en sera, dans le plus court délai possible, publié au *Moniteur*, par les soins du directeur général de la caisse d'amortissement.

Art. 31. Les actes relatifs aux opérations qui font l'objet de la présente loi, seront dispensés de tous droits au profit du trésor.

OBSERVATIONS.

MOBILISATION DE LA DETTE FONCIÈRE.

Pour apprécier cette partie du projet, il la faut examiner dans ses conséquences à l'égard : des Emprunteurs, des Capitalistes, du Public, et de l'État.

En ce qui concerne les Emprunteurs.

La propriété foncière constitue la partie la plus importante de la fortune de la France ; de plus elle est répartie entre les mains du plus grand nombre. Sur 35 millions d'habitants, on doit compter environ 7 millions de chefs de famille, et les rôles de la contribution foncière constatent l'existence de près de 5 millions de propriétaires ; c'est près des deux tiers ; on comprend l'importance extrême d'une institution de crédit, qui doit s'appliquer à des intérêts aussi considérables.

Les propriétaires fonciers n'ont pas été jusqu'à présent favorisés par nos institutions. Disséminés sur le sol, et relégués loin des centres habités par les capitalistes, ils ne peuvent offrir à ces derniers, la double connaissance de leurs personnes et de leurs biens. Par suite, ils n'obtiennent du crédit, qu'à l'aide d'intermédiaires souvent intéressés à maintenir le haut prix des capitaux, et au moyen de formalités dispendieuses qui élèvent les charges à 6 ou 7 pour cent l'an, quand au contraire l'industriel et le commerçant, souvent moins solvables, ne paient que 5 ou 6 pour cent. Cependant l'industriel et le commerçant qui renouvellent plusieurs opérations dans une seule année, peuvent plus facilement supporter la charge d'un fort intérêt, que le propriétaire qui ne fait qu'une récolte : un exemple en fera ressortir la différence.

L'industriel et le commerçant qui travaillent avec des capitaux étrangers, les empruntent à 6 %, à la banque qui les reçoit elle-même des capitalistes à 4 %; en supposant quatre opérations par an, chacune d'elles aura donc à supporter une charge de.. 1 ½ %

Mais l'industriel et le commerçant qui possèdent eux-mêmes leurs capitaux, doivent comme capitalistes en prélever l'intérêt à 4 %; c'est donc sur chaque opération une charge de.................................. 1 %

Différence sur chaque opération en faveur de l'industriel capitaliste. 0 ½ %

Certes, l'activité, l'intelligence et l'économie peuvent facilement racheter une aussi faible différence, et l'industriel sans capitaux doit parfaitement soutenir la concurrence.

Le propriétaire foncier est dans des conditions bien différentes; s'il emprunte pour payer la terre, son instrument de travail, il paie par an et pour une seule récolte.. 7 %

L'agriculteur qui possède le capital ne doit prélever que le taux ordinaire de.. 4 %

Différence pour une seule opération par an.......................... 3 %

Est-il donc étonnant que l'agriculteur qui emprunte, marche inévitablement à sa ruine?

La loi n'est pas venue en aide à cette position malheureuse; loin de là, si l'hypothèque semble promettre par la certitude des garanties, du crédit à bon marché, une lacune fâcheuse a rendu la réalisation de cette promesse impossible. Il n'existe pour le prêteur aucun moyen de purger à son profit les hypothèques légales et les droits de privilége ou de résolution qui peuvent grever son gage; aussi les pertes qui en sont résultées ont détruit la confiance dans les placements hypothécaires. D'un autre côté, l'hypothèque suppose un contrat notarié, c'est-à-dire un minimum de deux pour cent de frais, dans lesquels l'enregistrement *forcé* entre à lui seul pour 1 fr. 10 c. par cent.

L'impôt pèse aussi d'un poids énorme sur les immeubles; l'impôt direct sur le fonds, l'impôt indirect sur les produits, les droits de mutation, fournissent à eux seuls les deux tiers du budget. Les 45 centimes de 1848, sont encore venus aggraver tant de charges; tout cela est lourd, bien lourd; bien des propriétaires y succombent, mais grâce à l'amour du sol, la propriété résiste, incessamment secourue par l'industrie et le commerce, dont les économies passant en acquisitions d'immeubles, viennent le dégrever de sa dette.

Mais le mal que n'avait pu faire jusqu'à présent l'extension démesurée de l'impôt qui pèse sur les immeubles, un nouvel impôt le fera; c'est celui qui frappe les créances hypothécaires. Certes l'idée qui a motivé sa création, est bien loin d'être hostile aux propriétaires fonciers, cependant eux seuls en souffriront. Le plus grand tort qu'on puisse faire à un homme n'est pas de lui prendre son argent, mais bien de lui ôter son crédit. L'impôt sur les créances hypothécaires ruine le crédit de la propriété foncière, en faisant refluer les capitaux vers les placements commerciaux, où l'on sait que l'impôt ne pourra les atteindre. Ce ne seront pas néanmoins les créanciers hypothécaires qui paieront en réalité, ce seront les débiteurs, heureux d'obtenir à ce prix un sursis pour le remboursement; mais le résultat sera toujours le même. Personne n'aime à rester en hostilité avec la loi, et pour sortir d'une situation anormale, chacun portera ailleurs les capitaux qu'il confiait à l'agriculture, sans prendre garde seulement que l'impôt ne frappe que les anciennes créances; car pour tout le monde, le passé fait présumer de l'avenir.

Cherchons une meilleure application des principes de la révolution: Par un impôt exceptionnel, frappant exclusivement sur la propriété foncière obérée, n'allons pas consommer sa ruine. Venons au contraire à son aide; utilisant la fixité des garanties qu'elle présente, donnons-lui des capitaux à bon marché; et, suivant son habitude, elle nous rendra avec usure le bien que nous lui aurons fait, en apportant au budget une source nouvelle et abondante de revenus.

En ce qui concerne les Prêteurs.

Les prêteurs sont les heureux du siècle; nous serions impuissants pour augmenter leur bien-être. Tout ce que nous pouvons faire, c'est de soutenir le crédit de leurs débiteurs, afin qu'ils puissent être payés, et d'assurer la fidèle exécution des engagements contractés. Aussi, première condition, point de remboursement avant les échéances, si les délais sont stipulés en faveur du créancier. La seconde condition est de ne rembourser qu'avec des capitaux ayant une valeur aussi réelle, aussi effective que les écus qui ont fait l'objet du prêt. Nous devons donc examiner la valeur des billets de la banque foncière.

D'abord nous ne dirons pas comme certains économistes, que les billets projetés seraient plus sûrs que des écus, à cause des variations possibles, probables même, que les progrès de la métallurgie peuvent apporter dans la valeur intrinsèque de l'argent. Tant que le franc représentera cinq grammes d'argent, toutes les valeurs représentatives du franc subiront les variations de ce métal. Mais un billet de 1.000f présentera-t-il des garanties aussi certaines qu'un sac de deux cents pièces de 5f? Voilà la question, et l'affirmative ne me paraît pas douteuse.

En effet, les placements hypothécaires se font ordinairement des deux tiers de la valeur estimative des immeubles, et avec impossibilité presque constante de vérifier s'il existe des hypothèques légales ou des droits de privilége et de résolution de vente. Dans ces conditions, les placements hypothécaires ne donnent pas en moyenne, pour des prêts de trois années, une perte de un pour cent, ce qui fait moins de un tiers pour cent par an. Les placements de la banque foncière, faits au tiers seulement de la valeur des biens, et avec purge des priviléges, hypothèques et droit de résolution de vente, donneront une perte bien moins considérable; et cette perte, garantie par l'État, ne compromettra pas sa solvabilité, puisque pour le couvrir, la caisse d'amortissement recevra trois pour cent par an. Les billets de la banque foncière ne présentent donc pas la moindre éventualité de perte; ils présentent au contraire toutes les garanties des écus, sans compter la commodité du transport, qui doit même déterminer une préférence en leur faveur.

Une fois remboursés, les capitalistes devront aviser à un autre emploi de leurs fonds. La voie des placements hypothécaires étant à peu près fermée, ils se tourneront vers l'industrie et le commerce, qui, avec des risques un peu plus grands, leur fourniront des avantages bien plus considérables. Alors la gestion des capitaux deviendra peut-être un travail, facilité il est vrai par l'établissement des bourses départementales; mais la fortune cessera d'être une sinécure, et ceux qui la possèdent, se mettant, pour l'utiliser, à la recherche des idées utiles, deviendront l'élément fertile qui vivifiera toutes les entreprises.

En ce qui concerne le Public.

Sous la charge de six à sept pour cent d'intérêt et frais par an, la dette hypothécaire s'est élevée, en France, à environ onze millards. En ne payant plus que moitié, elle s'élèvera probablement au double. Ce n'est donc pas là que sera l'obstacle au développement de la banque foncière; il n'existera que dans la limite de l'emploi possible des capitaux circulables.

On estime généralement à deux milliards et demi la quantité d'espèces métalliques qui circulent en France. On porte à vingt milliards l'importance des valeurs commerciales négociables, et à 500 millions le montant des billets de banque. Le tout sert au paiement dans les transactions, mais dans des proportions différentes. Les espèces qui ne produisent pas d'intérêt, circulent rapidement, les valeurs négociables beaucoup moins, et les billets de banque davantage. Pourrait-on supposer que, terme moyen, les espèces font un paiement chaque trois jours? Alors les valeurs négociables en feraient un tous les quinze jours, et les billets de banque un par jour. De cette manière, les transactions exigeraient actuellement en France l'équivalent de huit milliards d'espèces métalliques. Mais avec la réduction du taux de l'intérêt, la circulation diminuerait d'activité, et le nombre des transactions augmenterait, de sorte que, sans la moindre exagération, on peut porter à dix milliards la somme des capitaux circulant, nécessaires.

Cette somme est à répartir comme suit:

Espèces métalliques..................	1 milliard.
Billets de la dette nationale...........	2
Billets de la banque foncière..........	7
	10 milliards.

Cette répartition indique un premier progrès; quelques-uns diraient peut-être un danger, mais ce serait à tort. Chaque jour on présente la France comme le pays le plus riche en écus: le plus riche, tant mieux; en écus, tant pis. Les écus sont du luxe, rien que du luxe. Chaque milliard livré à la circulation, coûte un tribut d'un milliard payé à l'étranger pour l'achat des matières premières; et, par conséquent, chaque année, 50 millions de rente. Par la concurrence des billets de la banque foncière, un milliard et demi sortira de la circulation, et il en résultera chaque année une économie de plus de 75 millions sur les charges publiques.

Les deux milliards de billets de la dette nationale ne seront qu'une transformation de la dette publique actuellement existante. En facilitant les transactions, ils n'augmenteront pas la masse des capitaux disponibles. Mais restent les sept milliards de la banque foncière, qui viendront grossir d'autant la fortune mobilière de la France. Cette masse de capitaux opérera une véritable révolution dans les affaires; elle assurera du crédit à tout ce qui a de l'intelligence, de l'activité et de l'économie; elle réalisera la promesse la plus inespéré de la République: *Capitaux à bon marché.*

Mais il pourrait arriver que l'agriculture, l'industrie et le commerce, ne prissent pas immédiatement un essor suffisant pour utiliser tant de capitaux, et que de leur encombrement résultât une dépréciation exagérée du taux de l'intérêt; ce résultat serait fâcheux, car les capitaux acquis représentent les fruits du travail et de l'économie; ils doivent donc faire vivre ceux qui les possèdent. Aussi, pour obvier à cet inconvénient, les billets de la banque foncière ne devront être émis que par séries, à mesure que les besoins se feront sentir, et de manière à maintenir l'intérêt à un taux moyen de quatre pour cent.

Deux objections seront peut-être soulevées; l'une fondée sur l'inconvénient d'un papier monnaie local, l'autre sur l'absence d'un intérêt produit par les billets de la banque foncière.

La première est bien moins sérieuse que les partisans de la fusion des banques locales l'ont prétendu. Les transactions intérieures dans chaque département sont et seront toujours, dans une immense proportion, plus nombreuses que celles faites avec le dehors. Les billets de la dette nationale qui auront cours dans toute la France pourront donc facilement suffire à ces dernières. Cependant, sur la limite de chaque département les affaires pourraient être entravées, si l'on repoussait d'une manière absolue le papier monnaie du département voisin; mais le remède est facile; que les caisses publiques reçoivent dans chaque département le papier des départements limitrophes, et les particuliers en feront bien vite autant, sans rien changer aux dispositions du projet, qui seules permettront un contrôle sérieux et une bonne répartition sur tous les points de la France.

La seconde objection n'est pas plus fondée. Les billets destinés à remplacer les espèces métalliques n'ont pas besoin de produire des intérêts plus qu'elles. D'un autre côté il faut des contributions à l'état; on ne saurait donc négliger une source considérable de revenus, qui ne pèsera que d'une manière insensible sur les particuliers, en laissant privés d'intérêts, les capitaux qui dorment entre leurs mains.

En ce qui concerne l'Etat.

Ce qui précède suffit pour faire apprécier les résultats de l'émission des billets de la banque foncière, pour ce qui concerne l'Etat. Chaque milliard émis produira un revenu annuel de trente millions, sans autres frais que ceux ordinaires de perception des impôts directs. Selon toute probabilité les émissions atteindront dans un court délai sept milliards; alors l'état jouira d'un revenu de plus de deux cent millions, sans autres charges que les frais d'entretien des 86 directions départementales, et de la direction générale, qui ne sauraient atteindre deux millions par an *.

* Chaque direction départementale ne se composerait que d'un directeur, de quelques commis et d'un contrôleur temporairement délégué par la direction générale.

BILLETS DE LA DETTE NATIONALE.

Reste à apprécier les effets de la mobilisation de la dette inscrite.

Cette transformation permettra de faire fonctionner l'amortissement proprement dit, avec une grande énergie. Dans sa constitution actuelle, il ne fonctionne que quand les capitaux abondent, et quand, par conséquent, les rentes atteignent leur prix maximum. Si plus tard, dans un moment de détresse, l'état veut réaliser les rentes achetées, leur taux a baissé, et il en résulte des pertes considérables. Ce grave inconvénient disparaîtrait entièrement au moyen des billets de la dette nationale, qui par la fixité de leurs garanties, leurs cours comme espèces, et l'exiguité du taux de l'intérêt, ne sont pas susceptibles de hausse ni de baisse, et ne pourraient être accidentellement que l'objet d'une simple prime de change.

Ainsi cesserait le jeu scandaleux sur les fonds publics, qui produit des effets si déplorables pour la moralité et la véritable industrie.

Enfin la conversion ou plutôt la réduction des rentes sortirait naturellement de cette réforme et en compléterait les résultats économiques. Les billets de la dette nationale jouissant toujours de la garantie ordinaire de l'état qui en est débiteur, jouissant de plus d'une garantie hypothécaire, produisant un intérêt payable à volonté dans toute la France, assuré par l'affectation spéciale du produit des forêts, et des revenus de la banque foncière, circulant comme écus, tenant lieu de lettres de change et de valeurs de porte-feuille, seront toujours acceptés avec faveur, même en concurrence avec le numéraire. Au cours actuel d'environ 80^f pour le 3 pour cent et de 70^f pour le 5 pour cent, le rachat des rentes au moyen des billets de la dette nationale, produisant un intérêt annuel de 3^f,60 pour cent, réduirait la rente à 1^f,80 par an pour le 3 pour cent, et de 2^f,52 pour le 5 pour cent; c'est-à-dire que la charge annuelle de l'Etat diminuerait de quatre dixièmes pour le 3 pour cent et de cinq dixièmes pour le 5 pour cent. Il est vrai que les cours se releveraient bientôt, et que les conditions de rachat deviendraient moins avantageuses; mais la constitution de la dette mobilisée assurera toujours la préférence à ses billets et leur concurrence ne peut faire croire à une hausse au-dessus de 70^f pour le 3 pour cent et de 90^f pour le 5 pour cent. Le bénéfice sera donc toujours au moins d'un sixième sur le 3 pour cent et d'un tiers sur le 5; et l'administration restera d'ailleurs toujours maîtresse, par la fixation du taux d'échange pour chaque série, de faire porter le rachat sur celui des fonds qui procurera le plus grand avantage.

Une dernière observation. C'est la facilité du contrôle sur les billets de la dette nationale. A chaque échéance de la rente, ils seront présentés à une recette générale; leurs numéros d'ordre y seront relevés et transmis à Paris ; et là, dans un relevé général, les numéros doubles fourniront l'indice certain des faux, tandis que les numéros manquants feront présumer de leur perte.

Voilà les principales considérations qui me paraissent militer en faveur du projet; il m'inspire d'autant plus de confiance, qu'il respecte également les droits acquis, et la liberté des transactions; que les essais en peuvent être faits partiellement, sans secousses, et presque sans frais; qu'il ne déplace aucun mouvement d'affaires, aucune industrie, pas même celle des banquiers qui verront plus que jamais les capitaux affluer à leur caisse; enfin, parce qu'après avoir établi l'égalité civile et politique, il ne fallait plus que mettre les capitaux à la portée de tous, pour avoir réalisé les promesses de la révolution.

BILLOTTE.

NOTES.

SUR LA CRISE FINANCIÈRE.

Metz, le 24 mars 1848.

L'état de gêne ne semble pas momentané, il est bien à craindre qu'il ne soit durable. Cependant la fortune publique n'a pas diminué ; la France est aujourd'hui ce qu'elle était hier, mais hier la confiance était générale, chacun ne pensait qu'à se défaire de ses capitaux, pour en tirer profit, pour leur faire produire intérêt. Le crédit faisait affluer à toutes les caisses, jusqu'à l'épargne de la semaine. Aujourd'hui chacun a peur de compromettre le capital nécessaire à l'entretien de sa famille pendant la semaine, le mois, l'année ; chacun garde chez soi la petite réserve nécessaire pour parer à toutes les éventualités, et les banques sont épuisées.

Dans une telle situation, la force et la persuasion sont également impuissantes. Le temps qui consolide, pourra seul ramener la confiance ; mais pendant la crise, il faut suppléer par le crédit, au numéraire qui se cache, et il ne reste plus qu'à faire un choix habile des moyens à employer.

La première idée qui se présente, est de recourir à l'état, mais si on y réfléchit un instant, on en reconnaît l'impossibilité. Le crédit de l'état est trop lié aux événements politiques, il en suit les fluctuations ~~; loin de pouvoir porter secours aux autres, il est en première~~ ligne parmi les souffrants. Les nécessités les plus pressantes sont autour de lui ; c'est pour elles qu'il travaillera d'abord, nous ne devons donc pas compter sur lui.

La banque de France est dans une situation à peu près identique, et la réduction du prix de ses actions montre assez qu'on ne la croit plus assez indépendante de l'état, qu'on la considère au contraire comme attachée à sa fortune ; nous ne devons donc pas non plus compter sur elle.

Malgré les circonstances, le crédit privé n'a pas diminué, qu'il s'applique soit aux particuliers, soit aux établissements publics. Le taux réel de l'intérêt a peut-être changé, mais la confiance subsistera toujours la même ; c'est donc là qu'il faut frapper, mais en s'adressant à ceux qui possèdent, car la propriété est la seule base de crédit inaltérable. Il n'y aurait plus de France, s'il n'y avait plus de propriété.

La banque n'est et ne doit être qu'un intermédiaire entre le prêteur et l'emprunteur ; c'est une vaste pompe allant par une multitude de canaux, chercher jusqu'aux lieux les plus reculés, les capitaux les plus divisés, pour les rendre à flots dans les travaux publics, l'industrie et le commerce. Elle sort de sa sphère et se compromet, quand elle se fait capitaliste ; ce n'est donc pas elle qui doit créer les moyens de crédit, mais elle s'en empare où ils existent, elle vit par les capitalistes, et pour lui rendre sa puissance, s'il n'y a plus de capitalistes, il faut en faire.

Cela posé, voici la solution que je viens soumettre à l'appréciation des personnes compétentes :

Par un décret, le gouvernement autoriserait le département de la Moselle à créer, au fur et à mesure des besoins, et tels qu'ils seraient votés par le conseil général, *cinq millions* de billets de la banque foncière départementale, de différentes valeurs, et ayant *cours légal* dans le département de la Moselle *seulement*.

Ce capital serait exclusivement prêté aux particuliers, pour un délai de trois ou cinq années, et sans intérêts, mais sous la garantie de privilèges ou hypothèques assis sur des immeubles d'une valeur triple.

Lors de la clôture de l'opération, les faibles pertes que pourrait présenter la réalisation des gages hypothécaires des avances non remboursées, resteraient à la charge du département, qui les paierait, avec intérêts a 5 p. cent, en dix annuités, au moyen de centimes additionnels sur les quatre contributions.

Tous actes relatifs à ces opérations seraient nécessairement dispensés de tous droits au profit du trésor.

A l'appui de ce système, je vois tout d'abord les raisons suivantes :

1° Y aura-t-il des propriétaires emprunteurs? Oui, parce que ce sera pour eux le moyen d'utiliser des capitaux immobiliers, aujourd'hui improductifs. Dans l'état actuel des choses, les immeubles ne profitent au propriétaire que par l'usufruit. Par l'affectation hypothécaire, ils utiliseront le fonds, au grand profit de la société qui, trouvant dans son propre sol les valeurs nécessaires aux échanges, sera dispensée d'acheter à grands frais des métaux pour la confection des espèces. Prenons un exemple : Un immeuble de 300,000 fr. donne par la location ou par la culture, un revenu d'environ.. 9000 f.

Par l'emprunt hypothécaire, le propriétaire pourra se procurer un capital du tiers ; soit 100,000 fr. en bons départementaux, susceptible d'un placement à 6 p. cent, soit de 6000

Le produit total d'un immeuble de 300,000 fr., s'élevera à.................... 15000

Et cela, par ce seul fait, qu'en substituant à des métaux, du papier qui n'a qu'une valeur représentative, on a pu faire l'économie de matières premières dispendieuses, qui certes ont une valeur moins réelle, moins fixe que la terre.

Si des propriétaires on passe aux industriels, la conclusion est encore plus favorable. Car n'est-il pas évident que tel propriétaire de forges, qui possède pour plus de trois millions de forêts, sera très-heureux de trouver aujourd'hui un million sans intérêts au moyen d'une hypothèque sur ces mêmes forêts.

2° Le public accueillera-t-il avec confiance les billets au porteur émis par le département? Oui sans doute ; d'abord, c'est qu'il n'y aura pas moyen de faire autrement, les espèces métalliques ayant presque complètement disparu. Mais à ne considérer que la mesure en elle-même, et abstraction faite des circonstances impérieuses où nous sommes, ces billets au porteur présenteront autant de garantie que les métaux. Habituellement les placements hypothécaires ne présentent pas un pour cent de perte ; dans la limite de prêts du tiers de la valeur des biens hypothéqués, la perte sera bien moins grande pour le département, qui en définitive ne sera qu'un assureur gratuit de la validité des placements hypothécaires ; de sorte que les tiers-porteurs auront pour garantie d'abord une bonne hypothèque et de plus la solvabilité d'un département contenant des valeurs foncières de plus de deux milliards.

Ce qui s'est passé pour les assignats ne saurait être un motif de crainte sérieuse. En effet, il y aura ici un gage hypothécaire qui pour les assignats manquait ; les émissions seront nécessairement limitées, car le gouvernement n'y trouvera d'autre avantage que de faciliter les transactions entre particuliers : enfin les billets n'émanant pas d'un pouvoir politique, échapperont aux fluctuations de son existence ; au point qu'en supposant que la dette publique s'abîmât dans la banqueroute, les bons départementaux resteraient encore intégralement debout, avec les garanties foncières et hypothécaires qui s'y rattachent.

3° Les banques n'en éprouveraient pas un soulagement direct ; mais elles en ressentiraient le premier contre-coup. A prendre, par exemple, la banque commerciale, qui n'a pas d'immeubles à hypothéquer ; elle ne pourrait obtenir directement les bons départementaux ; mais les propriétaires devenus capitalistes, voulant utiliser leurs fonds, et confiants dans sa solvabilité, videront son porte-feuille ; en échange des billets qu'elle tient du commerce, elle recevra ces bons départementaux, qui lui permettront de faire de nouveaux escomptes, et les affaires reprendraient leur mouvement accoutumé.

4° Avec la reprise des paiements, les chefs d'industrie pourront continuer le travail, et l'on évitera les conséquences si dangereuses pour l'ordre, de la fermeture des ateliers.

5° Les immeubles présentant une nouvelle source de revenus, verront encore s'accroître la faveur qui n'a cessé d'augmenter depuis tant d'années.

6° La réaction s'étendra de même aux valeurs industrielles, aux actions des chemins de fer ; car combien de personnes témoignent hautement leurs regrets, de ce que l'absence de capitaux, les empêche d'acheter dans ce moment, où le prix notamment des actions de Paris à Strasbourg se trouvant réduit à 338 fr. on se trouverait acheter 38 fr. les 200 fr. par actions payés jusqu'à ce jour.

Que risquerait-on à tenter l'épreuve ? la gravure de quelques planches, quelques éléments de comptabilité ; en tout un millier de francs d'avances. Si les propriétaires demandent des bons, si le public les accueille avec faveur, il n'y aura plus qu'à laisser aller, jusqu'aux limites fixées par le décret, ou jusqu'à ce que l'abondance de ces valeurs représentatives venant se faire concurrence pour les escomptes, le taux en soit tombé de manière à ne plus présenter un appât suffisant aux spéculateurs. Mais dans aucun cas, qu'on se le persuade bien, le discrédit ne pourra jamais atteindre les bons émis, parce qu'ils ne cesseront de représenter une valeur aussi réelle que les métaux, et que l'administration, juste appréciatrice des besoins publics pourra toujours limiter l'émission comme il sera nécessaire.

Restent les moyens d'exécution. Qu'un délégué de la chambre de commerce se rende à Paris ; qu'il se pénètre bien de l'importance et des ressources de ce projet ; il trouvera le gouvernement provisoire tout disposé à décréter toute mesure qui peut être utile. Qu'on se représente les difficultés qui l'entourent, les demandes multipliées qui, dans la détresse actuelle, l'assaillissent de toutes parts, et l'on comprendra l'empressement qu'il mettra à faciliter aux départements les moyens de s'industrier, pour se tirer d'affaire par eux-mêmes et avec leurs seules ressources.

En vingt-quatre heures le décret serait rendu ; la banque de France fournira le papier ; quatre jours pour graver les planches ; et dans huit jours au plus, les bons départementaux pourraient circuler.

Je livre avec confiance ces idées à la critique. Le but que je me suis proposé m'assure la bienveillance de tous ; heureux si, dans ma modeste carrière d'avoué, je puis être utile au commerce, qui a été le premier but de mes travaux et auquel je croyais devoir consacrer toute ma vie.

BILLOTTE.

EXTRAIT DU COURRIER DE LA MOSELLE

Du 6 *avril* 1848.

Metz, le 5 avril 1848.

Monsieur le rédacteur,

Vous avez publié dans vos colonnes une analyse du projet de banque que j'ai soumis à l'appréciation des citoyens de Metz. L'auteur de cet article me donne d'abord des éloges qui dépassent beaucoup ce que vaut mon travail; mais il finit par conclure contre le projet par des motifs qui ne me semblent pas fondés, surtout dans les circonstances actuelles; je vais essayer d'y répondre.

Je commencerai par examiner la corrélation qui existe entre ce projet et l'établissement d'un comptoir d'escompte. M. E. B. se prononce en faveur du comptoir d'escompte; moi je crois la création de ces deux établissements également urgente et nécessaire. La crise a jeté la panique chez les banquiers; ils hésitent à se charger des opérations les plus simples. Aucun peut-être ne voudrait prendre *en recouvrement* un mandat sur Thiaucourt; et, pour les affaires sur place, il leur faudrait un luxe de garanties bien rarement réalisable. Le remède à cela, c'est le comptoir d'escompte; car cet établissement, puisant dans son origine une juste confiance, saura bannir les vaines terreurs, grand écueil pour l'avenir. Mais le comptoir d'escompte installé, ce ne sera qu'un banquier de plus; un banquier qui osera faire les affaires, c'est vrai; mais enfin ce ne sera jamais qu'un banquier, c'est-à-dire une caisse restreinte et limitée, dont les ressources ne constituent, pour les tiers, qu'un véritable cautionnement, et qui ne peut fonctionner avec avantage qu'au moyen des capitalistes qui lui versent des capitaux, ou vident son porte-feuille. Si l'on ne sait plus où trouver des capitalistes, il faut donc en faire. Ainsi c'est avec raison que je pense que, loin de s'exclure, les deux projets doivent concourir au rétablissement des transactions.

Examinons maintenant les objections soulevées par M. E. B., contre ce qu'on pourrait appeler la grande fabrication de capitalistes. Elles sont au nombre de trois :

1° Privilége énorme en faveur de la propriété foncière;

2° Condition d'infériorité pour l'industrie et le commerce;

3° Juste préférence à donner à l'Etat et aux communes.

1° Privilége énorme en faveur de la propriété foncière.

Ce n'est pas arbitrairement que j'ai choisi la propriété foncière comme base du crédit. En fait de biens, il n'y a que des meubles et des immeubles. Pour devenir gage, il faut au meuble une tradition réelle, un dépôt. Il faut donc le frapper d'indisponibilité, le rendre improductif. Il faut, comme le fait la banque de France, enfouir dans des caves cent millions en espèces ou en lingots. Choisir une pareille base de crédit, ce n'est pas de l'économie, c'est le renversement de toute économie. Pour les immeubles, c'est différent. L'hypothèque constitue le gage sans tradition, sans dépôt; et la terre hypothéquée n'en fournit pas une gerbe de moins. Je ne pouvais donc placer hors de la propriété foncière les bases du crédit. Ce n'est pas moi qui lui ai fait une position exceptionnelle, privilégiée: elle la doit à la nature même des choses, et sans que personne ait le droit de s'en plaindre, car la propriété foncière est accessible à tout le monde; elle est même à la disposition du plus grand nombre, car la division du sol a rendu propriétaires plus de la moitié des chefs de famille de France. Mais cette position exceptionnelle ne doit-elle profiter qu'à elle seule? Non, certes; car, ainsi qu'on va le voir, mon projet, loin d'être fait exclusivement en vue de l'intérêt foncier, ne lui destine qu'une juste part; mon but est surtout d'être utile à l'industrie et au commerce, ainsi que la réponse à la deuxième objection va le démontrer.

2° Condition d'infériorité pour l'industrie et le commerce.

Lors de la réunion à l'hôtel de ville pour la fondation du comptoir d'escompte, deux banquiers honorables émettaient l'avis que jamais propriétaire n'hypothèquerait sa propriété, afin de se procurer, même gratis, des fonds à employer en escomptes. Je crois qu'ils étaient dans l'erreur; car il est de la nature des propriétaires fonciers, comme de tout le monde, de chercher à augmenter leurs revenus, et que, d'ailleurs, il sera facile de prendre des mains des banquiers des valeurs de portefeuille qui ne laisseront aucune chance de perte. Quel est donc le montant des placements hypothécaires qu'il serait possible de faire? D'après le revenu cadastral, M. le directeur des contributions directes estime à 1,500 millions la valeur des propriétés foncières du département de la Moselle, mais il pense que la valeur réelle est bien plus considérable. Mes observations particulières m'ont toujours fait croire que le revenu cadastral n'était que le tiers du revenu réel; la propriété foncière de notre département dépasserait donc quatre milliards. Bien certainement, les prêts hypothécaires atteindraient facilement au *centième* de cette valeur; soit donc à 40 *millions*. Or, si une pareille émission était faite, que feraient les propriétaires pour trouver l'emploi des bons départementaux? Ils quêteraient des preneurs; ils feraient la chasse aux bonnes valeurs, comme on fait aujourd'hui la chasse aux écus. L'emprunteur ferait la loi, et l'intérêt tomberait à 3 p. cent, peut-être plus bas. En résumé, l'adoption de mon projet rendrait l'administration réellement arbitre du taux de l'intérêt, en augmentant ou restreignant le montant des émissions. L'industriel et le commerçant qui paient aujourd'hui l'intérêt à 6 p. cent, la commission à 2, la provision de banque à 1 p. cent, etc., etc., en tout 9 à 10 p. cent, ne payant plus que 3 à 4 p. cent, économiseraient 5 à 6 p. cent, tandis que le propriétaire foncier n'aurait vu s'accroître son revenu que de 2 p. cent, ou plutôt de 1 p. cent, par la réduction du taux des escomptes. Mon projet ne crée donc pas un privilége exorbitant, au profit des propriétaires fonciers. Au surplus, *on ne prête qu'aux riches,* ce n'est pas moi qui ai inventé ce vieil adage du bon sens populaire; il en a toujours été ainsi, il en sera toujours de même; tout ce que nous pouvons faire, c'est que les riches ne puissent utiliser les biens que nous leur donnons, qu'en faisant la fortune de tous.

3° Juste préférence à donner à l'État et aux communes.

Quant à l'Etat, c'est impossible. Il ne peut hypothéquer ses forêts; c'est le gage commun des porteurs de rentes. De plus, c'est un corps politique; son crédit est exposé à toutes les fluctuations de son existence. Ses décrets peuvent défaire le lendemain les décrets de la veille : c'est ce débiteur puissant, comme dit M. E. B., qui peut résister à une sommation de vendre le fonds hypothéqué. Il doit donc être tout d'abord mis hors de cause.

Quant aux communes, c'est autre chose. Elles ont presque toutes un domaine privé; qu'elles aient donc place dans les emprunts à faire; qu'elles y trouvent même une légitime préférence, si elles veulent des capitaux gratis pour ouvrir des ateliers ou rembourser leurs dettes : c'est l'exécution de mon projet; jamais je n'ai pensé à les en exclure.

Concluons. M. E. B. pense que mon projet *offre les chances d'un succès immanquable... ; que le papier créé par ce procédé serait parfaitement garanti et accepté avec empressement dans la circulation.* Tentons donc l'épreuve. Songeons qu'après le triste essai des assignats, il faut réconcilier le peuple avec le papier-monnaie. Ne laissons pas à l'état cette charge, qui serait peut-être au-dessus de ses forces; ne craignons pas, dans ce but, d'accumuler des garanties exagérées. Travaillons pour l'avenir.

Il est permis d'entrevoir, dès à présent, des banques analogues se créant, sous l'empire des mêmes besoins, dans tous les départements, et, dans un avenir peu éloigné, l'état, après avoir assuré le développement et la consolidation de nos nouvelles institutions, s'emparant de ces moyens de crédit et les concentrant dans ses mains; prêtant aux propriétaires, non plus gratis comme à présent et pour les pousser à la spéculation, mais moyennant intérêt de 3 p. cent et pour leurs propres besoins; enfin, créant pour cet usage un papier semblable aux bons départementaux et retenant pour lui la rente, qui, récupérée avec l'impôt foncier, servirait ainsi à le décharger du poids de sa propre dette. Cet avenir prochain brille à mes yeux; voilà pourquoi j'ai pensé qu'on devait restreindre la durée de l'opération de trois à cinq ans. Mais quoique mon projet n'ait qu'un intérêt passager et transitoire, il n'en est pas moins digne de sollicitude. Songeons au mal présent, au danger de la fermeture des ateliers; le temps presse; qu'importerait l'excellence du remède, s'il devait venir trop tard; songeons enfin qu'il peut être le précurseur nécessaire de grandes réformes qui reconstitueront le crédit de la France.

J'ose espérer, Monsieur le rédacteur, que vous voudrez bien ouvrir vos colonnes à cette réponse; veuillez donc agréer d'avance les sincères remercîments de votre très-humble serviteur,

BILLOTTE.

METZ. — IMP. DE S. LAMORT.

www.ingramcontent.com/pod-product-compliance
Ingram Content Group UK Ltd.
Pitfield, Milton Keynes, MK11 3LW, UK
UKHW020542180726
13839UKWH00006B/2664

9 782329 128771